Para

com votos de paz.

Divaldo Franco
Pelo Espírito
Joanna de Ângelis

Momentos de Harmonia

Editora Leal

SALVADOR
4. ED. – 2024

©(1991) Centro Espírita Caminho da Redenção
Site: https://mansaodocaminho.com.br
Edição: 4. ed. – 2024
Tiragem: 3.000 exemplares (milheiros: 19.000)
Coordenação editorial: Lívia Maria C. Sousa
Revisão: Adriano Mota • Lívia Maria C. Sousa • Plotino da Matta
Capa: Cláudio Urpia
Editoração eletrônica e programação visual: Ailton Bosco
Coedição e publicação: Instituto Beneficente Boa Nova

PRODUÇÃO GRÁFICA
LIVRARIA ESPÍRITA ALVORADA EDITORA – LEAL
E-mail: editora.leal@cecr.com.br
DISTRIBUIÇÃO: INSTITUTO BENEFICENTE BOA NOVA
Av. Porto Ferreira, 1031, Parque Iracema. CEP 15809-020
Catanduva-SP.
Contatos: (17) 3531-4444 | (17) 99777-7413 (WhatsApp)
E-mail: boanova@boanova.net
Vendas on-line: https://www.livrarialeal.com.br

Dados Internacionais de Catalogação na Publicação (CIP)
(Catalogação na fonte)
BIBLIOTECA JOANNA DE ÂNGELIS

```
F825   FRANCO, Divaldo Pereira. (1927)
           Momentos de harmonia. 4. ed. / Pelo Espírito Joanna de
       Ângelis [psicografado por] Divaldo Pereira Franco, Salvador: LEAL,
       2024.
           152 p.
           ISBN: 978-65-86256-45-1
           1. Espiritismo 2. Meditação 3. Psicografia
       I. Divaldo Franco II. Título
                                                           CDD: 133.93
```

Bibliotecária responsável: Maria Suely de Castro Martins – CRB-5/509

DIREITOS RESERVADOS: todos os direitos de reprodução, cópia, comunicação ao público e exploração econômica desta obra estão reservados, única e exclusivamente, para o Centro Espírita Caminho da Redenção. Proibida a sua reprodução parcial ou total, por qualquer meio, sem expressa autorização, nos termos da Lei 9.610/98.
Impresso no Brasil | Presita en Brazilo

SUMÁRIO

	Momentos de harmonia	7
1.	Sol sublime	15
2.	Jubilosamente	21
3.	Ante o desânimo	27
4.	Modelo de perfeição	33
5.	Idealismo e caridade	39
6.	A promoção pela dor	45
7.	Companhia perturbadora	49
8.	Defecções morais	55
9.	Advertência e encorajamento	61
10.	Projetos iluminativos	69

11.	Desafios e vitória	79
12.	Vítimas da loucura	87
13.	Na hora do sono	93
14.	O tempo	101
15.	Ouvir com atenção	109
16.	Ressentimento e amargura	115
17.	Pessoas inamistosas	121
18.	Sem ídolos nem cultos	127
19.	Notoriedade	133
20.	Terapia libertadora	141

Vitimados por variadas pressões, o homem e a mulher hodiernos desconcertam-se, experimentando desequilíbrios emocionais e orgânicos, que se agravam, na razão direta em que buscam mecanismos de evasão.

A sua realidade é feita de anestésicos, graças aos quais se embriagam no prazer, como se a vida fosse um parque de diversão sem fim.

Naturalmente, o meio social exerce uma grande carga sobre o seu emocional, resultado, sem dúvida, das próprias constrições mentais e comportamentais a que se entregam.

Além dessas ocorrências, fatores diversos que procedem de outras existências contribuem para o desequilíbrio, induzindo-os às fugas dos compromissos que não querem honrar, seja porque o dever constitui-lhes motivo de amargura e desagrado, seja porque a educação que recebem ainda estabelece padrões de felicidade que não correspondem à verdade.

Assim, as pessoas afadigam-se pela posse de coisas e valores transitórios, esvaziando-se das qualidades ético-morais que proporcionam a harmonia, sempre colocada em plano secundário.

Dá-se excessiva importância à aparência, com desprezo pelo conteúdo, e o palco das ilusões onde brilham a cada instante exibe, também, aqueles que desfalecem, que se arruínam, que tombam, que enlouquecem...

Prosseguem, em consequência, no círculo vicioso das buscas perturbadoras, com desdém pelas conquistas íntimas que tranquilizam. E surgem-lhes as terríveis pressões psicossociais, socioeconômicas, sociomorais com total desconsideração pela criatura humana em si mesma.

Os prejuízos avultam, e escasseiam os triunfos íntimos.

A sociedade cambaleia, porque os alicerces sobre os quais se levanta são movediços e frágeis.

◆

Quem desperdiça recursos amoedados passa necessidades.

Quem desperdiça afetos experimenta solidão.

Quem desperdiça oportunidade perde precioso tesouro de difícil recuperação.

O dinheiro malbaratado se reconquista, os afetos desgastados se refazem, porém a oportunidade perdida não volta mais. Surgem outras ocasiões, todavia não em circunstâncias iguais nem condições semelhantes.

◆

Pensando na situação de muitos companheiros de jornada terrestre em aturdimento, conflito e desar, escrevemos as páginas que agora enfeixamos neste pequeno livro.
São momentos de harmonia que podem ser vividos enquanto forem lidas, facultando prolongamento em horas de paz futura.
Selecionamos alguns acontecimentos e situações do cotidiano, apresentando o seu lado melhor e sugerindo comportamentos sadios, a fim de que a alienação

e a desarmonia não entorpeçam as vidas, que se fanarão sob tais dolorosas e ultrizes conjunturas.

◆

Momentos de harmonia são propiciadores de vida em abundância.
Momentos de harmonia tornam-se fatores decisivos para a felicidade.
Momentos de harmonia transformam-se em melodias de paz, dignificando a vida.

◆

O oceano é feito de gotículas, e o Universo, de partículas.
Os momentos de harmonia são relevantes para o triunfo do ser humano sobre o seu passado, o seu presente, construindo o seu futuro.

◆

Reconhecemos a singeleza das nossas páginas e a repetição de alguns conceitos, a falta de criatividade, e mesmo de novidades, muito ao gosto de inúmeros críticos.

Dirigimos, no entanto, o nosso trabalho aos que se encontram em desequilíbrio, inarmônicos, esperando, desse modo, contribuir de alguma forma para que eles se encontrem, renovem-se e harmonizem-se.

Por fim, recordamo-nos do Mestre, conclamando-nos a ter a fé do tamanho de um grão de mostarda, todavia capaz de propiciar imensa ventura.

Joanna de Ângelis
Salvador, 8 de maio de 1991.

1
Sol sublime

Estivesse o homem entregue à própria sorte, e a existência, na Terra, seria insuportável.

Os liames com o passado de onde procede retê-lo-iam no primitivismo.

As imposições atávicas dificultar-lhe--iam vencer os degraus mais difíceis da escala da evolução, e motivo algum lucilaria na sua mente produzindo estímulo para o esforço.

Os passos iniciais são sempre mais demorados e de logro mais complicado.

À medida que se firmam os pés ensejando a verticalidade, mais fáceis se tornam as tentativas de êxito para a marcha.

◆

O Amor de Deus faculta que os anjos guardiães, responsáveis pela evolução dos seres, inspirem e emulem os homens ao crescimento, favorecendo o desabrochar das potencialidades que dormem latentes em todos.

Eles velam com carinho e geram recursos que podem ser movimentados para a ascensão.

Cada conquista faculta mais largos horizontes a vencer.

Ampliando-se o raio de ação, mais se agigantam as possibilidades de desenvolvimento.

À frente de todas as experiências vitoriosas, estão esses guias incansáveis, estimulando-os.

◆

Nunca te consideres, portanto, em abandono, a sós, esquecido.

Quando as dificuldades te advierem, compreende que estás sob avaliação para seres promovido.

Enfrentando enfermidade ou incompreensão, logica sobre o Amor do Pai e alegra-te com a experiência de fixação de forças morais nos painéis da alma.

Sofrendo os aguilhões dos processos degenerativos que as enfermidades produzem, considera que o corpo é somente veste transitória, mas tu és vida imperecível.

Todo triunfo se assenta sobre as lutas ganhas e as dificuldades superadas.

A raiz da árvore gigante e florida permanece frágil no seu extremo, perfurando o solo e nutrindo-se.

A água deixa as impurezas, *espremida* nos poros das pedras pelas quais se coa.

Assim também são os mecanismos da evolução para conosco.

Solidão é palavra absurda para quem ama, e queixa de abandono representa desconhecimento das Leis da Vida.

◆

Busca sintonizar com os teus guias espirituais e galgarás sucessivos patamares do progresso e da paz.

Jesus prometeu-nos que nos não deixaria a sós e, mesmo desde antes de se nos desvelar, sempre esteve e permanece conosco, na condição de Sol sublime, atraindo-nos na Sua direção.

Tens o cérebro ardendo sob a ação das preocupações que o dominam em círculo de fogo.

Trazes o sentimento macerado por angústias que não relatas.

Estás com a alma açoitada por vendavais de agonia que se sucedem ininterruptamente.

Sais de um testemunho e, em vez de liberação, já te vês enfrentando novos e dolorosos desafios.

Pedem-te, porém, que sorrias e superes estes teus momentos de provações, impondo-te insensibilidade, indiferença emocional.

Renasceste crucificado nas provações redentoras e não tens ainda o direito à plenitude, à marcha serena daqueles que se venceram a si próprios.

A existência terrestre, no entanto, é assim mesmo.

Todos avançam a contributo da aflição, que lhes constitui o recurso valioso graças ao qual a falência moral se torna mais difícil.

Certamente, há aqueles que, sob a injunção do sofrimento, rebelam-se, parecendo piorar a própria situação.

Não obstante, já travaste contato consciente com a vida, e sabes que apenas te sucede aquilo que é de melhor para o teu progresso espiritual.

Desse modo, jubilosamente carrega tua cruz invisível, guardando a certeza de que as duas traves penosas, se conduzidas com amor, converter-se-ão em asas de luz que te erguerão deste mundo áspero para as regiões da felicidade.

◆

Ausculta os reais vitoriosos da Terra e perceberás que o holocausto deles é o estímulo para o teu prosseguimento afervorado.

Joana d'Arc, quando começava a arder na fogueira, ergueu-se acima dos seus inquisidores e experimentou a libertação plena.

Jan Hus, enquanto era queimado pelo Concílio de Constança, inaugurou a era do livre exame das Escrituras, tornando-se mártir para todo o sempre.

Jerônimo de Praga, seu discípulo, seguindo-lhe depois no drama das labaredas, após uma prolongada existência rica de sabedoria, abriu espaços com a sua morte para que a vida dos homens fosse iluminada pela fé racional.

São inúmeros os heróis da renúncia e dos ideais de engrandecimento humano.

◆

A evolução dos homens torna-se possível através das vertentes do amor que santifica, que estimula ao progresso, ou do sofrimento que desperta para as responsabilidades mal consideradas.

A dor não representa maldição divina, antes significa recurso educativo, inevitável.

Não te entristeças, pois, porque te encontres lanhado pelos látegos do sofrimento, enquanto o festival dos sorrisos, em torno de ti, constitui uma constante que não fruis.

Afinal, o teu não é o mestre dos triunfos terrenos, porém, o Herói Silencioso da Cruz, o Excelente Triunfador da sepultura vazia.

Jubilosamente prossegue, e não te perturbes com nada, enquanto transcorra a tua vilegiatura carnal.

3
Ante o desânimo

Quando o desânimo intentar o sítio da tua casa mental, insiste na ação libertadora.

Semelhante a ópio que entorpece, ele penetra suavemente e domina com indiferença.

Muitas vozes conspiram a seu benefício, apresentando arrazoados deprimentes contra os teus esforços, esbordoando as tuas atitudes, censurando o teu comportamento.

Perverso, ele se te insinua no coração e alcança o teu raciocínio, propondo-te parar, desistir da luta. Ele te recorda que já abandonaste o labor em tentativas outras e desmoraliza-te diante de ti próprio com arremetidas perturbadoras.

Quando lhe experimentas a intromissão, tornas-te mais sensível à advertência, que mais te molesta; espicaça-te o melindre, que mais te aflige; faz-te mais susceptível à mágoa e, sem que te dês conta, começas a aceitar-lhe as injustas insinuações.

O desânimo é inimigo de todas as criaturas, gerador de depressões grosseiras e males outros ainda não catalogados, que conspiram contra os seres humanos.

◆

Desanimado ante a necessidade da vigilância que deveria manter, na condição de amigo, Pedro, irritado e medroso, negou Jesus reiteradas vezes.

Sob a ação do desânimo que lhe corroía o temperamento intempestivo e, talvez, aguardando a reação do Mestre para a batalha externa que parecia demorar, Judas vendeu o Justo.

◆

O desânimo responde por vários mecanismos de fuga à responsabilidade. Encontra justificativas para afastar do trabalho aqueles que lhe sofrem o ferretear contínuo. Entorpece a mente e o corpo, negando oportunidade de libertação àquele que lhe tomba sob os vapores mefíticos.

Hoje, ei-lo na feição de desistência. Amanhã é o desalento perante a vida. No futuro é o fracasso total. São esses os passos nefastos do desânimo.

◆

Aprende a não desistir, quando encetes tarefas.

Vincula-te de coração e contribui em favor das causas nobres da Humanidade.

Participa mais ativamente do programa de libertação de consciências, tu, que crês na imortalidade, limando as tuas imperfeições e ajudando sempre. Não te escuses, sob pretextos de que o desânimo, também disfarçado de acomodação, propõe-te.

Possuis inestimáveis recursos que necessitas colocar à disposição do Mestre, que te ensina como perseverar, amar e encontrar o caminho para a tua realização pessoal, ajudando os teus irmãos da retaguarda evolutiva.

E, parafraseando o apóstolo Tiago no capítulo cinco, versículo treze da sua Epístola, dizemos-te: "Está aflito alguém entre vós? Ore".

4
Modelo de perfeição

Não há notícia alguma sobre uma pessoa que Lhe haja sido igual.

Sábio incomum, manteve-se por quase trinta anos no silêncio, apenas uma vez interrompido, quando contava somente doze anos, demonstrando sua ímpar capacidade intelecto-moral.

Com um pequeno grupo de doze homens simples, quase sem cultura, fundou um *colégio* em contato com a Natureza, ali ministrando em breve tempo a mais ampla gama de conhecimentos gerais de que se tem informação, que se fundamentavam na lição viva do amor.

Transitou entre os vários fogos da inveja e da impiedade, enfrentando a astúcia e a perversidade, sem nunca deixar-se chamuscar.

Compôs com ternura o mais perfeito Código de Justiça Espiritual, que é a canção incomparável das Bem-aventuranças.

Conviveu com a miséria social, moral e econômica do mundo, sem fazer-se mesquinho ou revoltado.

Conheceu os poderosos em trânsito no mundo, os ricos e dominadores, sem os invejar ou combater.

Ecologista nato, tomou como modelo as expressões vivas da Terra: as aves, as serpentes, os lobos, os peixes, os lírios do campo, o mar, a mostarda, para compor insuperáveis parábolas em respeito ao equilíbrio vigente em tudo.

Estabeleceu na fraternidade a mais salutar experiência social para a convivência humana mediante trocas, sem destaque de indivíduo ou de posse, concitando a uma experiência em comum, que resultou em êxito incomum.

Não desperdiçou palavras nem agiu com insensatez, sendo sempre comedido.

Amou a infância, os pecadores e mesmo os inimigos.

Mestre, não retirou a oportunidade da aprendizagem saudável de cada um, ensinando como ser feliz e concedendo espaço para que os discípulos aprendessem a lográ-la.

Terapeuta eficiente, curou enfermidades e explicou como erradicá-las, advertindo os pacientes sobre as recidivas e novas complicações.

Jamais ostentou os poderes de que era portador, ou os ocultou.

Disciplinado, submeteu-se à vontade de Deus, sem queixas ou receios injustificáveis até o extremo da renúncia pessoal.

E por amar em demasia entregou-se à crucificação e à morte, para ressurgir, logo depois, a fim de confirmar todos os Seus ensinamentos e voltar à convivência afetuosa com as criaturas, aquelas mesmas que duvidaram, fugiram e negaram-nO.

Por isso, e muito mais, Jesus "é o ser mais perfeito que Deus ofereceu ao homem para servir-lhe de modelo e guia", conforme afirmaram os Espíritos a Allan Kardec.

5

Idealismo e caridade

A vivência de qualquer ideal, especialmente aquele que se reveste de enobrecimento, promovendo o homem e a sociedade, produz desgaste de energia.

A elevação dos propósitos – e sua íntima constituição pelo imenso prazer que carreia – enseja renovação de forças, empatia demorada, permanente entusiasmo, que são as naturais compensações decorrentes do próprio idealismo.

Nesse contexto, a caridade é portadora de extraordinária força de recuperação das energias aplicadas na sua execução.

Enquanto o idealista, embora cansado, experimenta o prazer da ação beneficente, o seu é um trabalho relevante e dignificador.

Não raro, entretanto, ocorre que, inadvertidamente, o trabalhador do bem se entusiasma e dilata a área de ação, aumentando o número de beneficiários que passam a tomar-lhe as horas, impedindo-o de renovar-se, de meditar, de encontrar-se consigo mesmo, para avaliação e tomada de consciência... Surgem, então, os primeiros sinais de alarme no comportamento do idealista: irritação, mau humor, descortesia, ressentimento dos amigos e cooperadores, exigências aos outros, insatisfação etc.

O trabalho do bem faz bem, não devendo gerar desagrado nem aborrecimento.

◆

Se te candidatas à execução de um ideal, não exijas que os outros te sigam ou executem as tarefas a que te propões.

Aceita a cooperação de cada um, conforme sua possibilidade.

Não esperes além do que o outro pode oferecer, comparando-o com o que doas.

Cada um é a soma das próprias possibilidades.

Assim considerando, não assumas compromissos muito expressivos, contando com outras pessoas, a fim de não sofreres frustrações.

Se a obra cresce, não o impeças, porém não imponhas trabalho, nem faças exigências a ninguém.

Preserva o bom humor e a cordialidade, tornando-te líder natural, amado, e não a pessoa desagradável, azeda, reclamadora, difícil de ser estimada.

Para tanto, reparte tarefas e confia naqueles que assumiram a responsabilidade.

Se eles não correspondem à expectativa, não te agastes, antes os estimula, ajuda-os e dá-lhes renovado ensejo.

A caridade é luz que fulgura espontânea e, ao irradiar-se, beneficia, sem perturbar. Recolhe a bênção dessa luz em favor de ti mesmo, não te afadigando desnecessariamente e tendo em mente que, ao desencarnares, o trabalho deve prosseguir, quando então serás recordado como exemplo de bondade, envolto em carinho e saudade.

◆

Jesus, o amado Governador da Terra, possuidor de recursos incomparáveis, ajudou a quantos O buscaram, sem tentar resolver os problemas que a eles mesmos competia equacionar.

E até hoje, inspirando-nos e ajudando-nos, acena-nos com a bênção do tempo, que é o grande solucionador de tudo.

Assim, vive feliz com o teu ideal e faze o melhor que possas, sem pressa, nem cansaço, fruindo a felicidade em forma de paz, que irradiarás, a todos impregnando de harmonia.

6
A promoção pela dor

A Doutrina Espírita, apresentando-nos o roteiro da verdade, proporciona ao ser, egresso da *sombra*, marchar sob a bênção da luz, fascinado pela claridade que se irradia nos horizontes amplos da vida.

Cristo, da ressurreição triunfante, surge, ensinando a reunir os "joelhos desconjuntados", os músculos flácidos e doridos, para que se prossiga na marcha da redenção.

Dificuldades de ontem, problemas de hoje e empeços de amanhã não podem obstaculizar o avanço, cujo fanal é a paz.

Rogaste a bênção da oportunidade libertadora; suplicaste um calvário de rosas para crescer; pediste o madeiro que te erguesse acima das paixões, e os céus ouviram.

Pagando os débitos clamorosos do pretérito, estás guindado ao dever da fraternidade, em nome do amor sempre vitorioso, edificando o bem.

◆

Não estranhes, assim, a incompreensão, nem o problema, a injúria ou a deserção dos amigos.

A estrada do cristão é palmilhada com dificuldade, a fim de que a paz coroe o ser.

Abre uma clareira nova no matagal das paixões de ti próprio e acolhe o andarilho do Evangelho restaurado por Jesus.

Distende tuas mãos, a fim de que elas se convertam em estrelas em noite escura, apontando rumos; dá teu coração para que nele não se alojem as feras da concupiscência, nem do egoísmo, tornando-o furna sombria de degredos e misérias.

Ouviste o chamado e te puseste de pé; aceitaste o desafio da obra, não temas.

Cristo é poder, crê! Jesus é amor!

Entrega-te em clima de totalidade, porque Ele é o construtor dos destinos.

Se, por acaso, espinhos ou sombras turvarem os teus caminhos, exulta, porque somente os eleitos são convidados aos testemunhos; apenas os fortes são testados nos valores; e só aquele que produz, periodicamente, passa pela avaliação que precede as promoções.

7
Companhia perturbadora

Reflexionas, sofrido, em tentativas racionais para compreender por que pessoas aparentemente generosas falam mal de ti, são inamistosas para contigo, recusam a tua presença fraterna...

Consideras, magoado, que nada de mal lhes fizeste, antes reservaste respeito e consideração para com elas.

Intentaste um relacionamento agradável, e foste repelido.

Supões que se trata de antipatia provinda de existências passadas...

Não apenas estes, a quem conheces, opõem-se a ti e comentam desairosamente a teu respeito.

Ouviram falar sobre ti, ou viram-te em um momento breve, não possuindo justificativas para objetar-se aos teus labores.

Multiplicam-se, porém, em todas as áreas humanas, estas ocorrências.

Inimigos surgem inesperadamente, retalhando os grupos sociais com as *tesouras* da intriga, da maledicência, da malquerença.

Se pudesses ou devesses interrogá-los pelos motivos da inimizade, argumentariam com veemência, explicariam de variada forma, todavia não se dariam conta da geradora real desse desconcerto.

Sabendo disfarçar-se, ela permanece oculta, no entanto destila veneno e atira petardos aguçados que atingem muitas vidas.

Essa companheira perturbadora é a inveja.

Aqueles que não cresceram emocionalmente cultivam-na, infelizes com o triunfo dos outros, a sua aparência de felicidade, a beleza, a inteligência e a saúde de que sejam portadores...

O invejoso não necessita de razões para externar os sentimentos inferiores, que se convertem em rancor, ojeriza ou sistemática perseguição.

Desejando superar as demais criaturas, não vence as más inclinações morais, entregando-se à campanha inglória da crucificação de outras vidas.

◆

Luta com tenacidade contra a inveja.

Dilui o sentimento negativo na solução do respeito às conquistas alheias.

Desconheces os testemunhos ocultos e silenciosos daqueles a quem invejas ou contra os quais competes.

Muitos desses indivíduos são mais nobres do que parecem, porquanto, sob dores morais e físicas muito fortes, não se deixam trair, aparentando uma realidade que não estão vivendo, como forma de preservar o equilíbrio social e familiar.

O êxito, a fama, o destaque, a glória são conquistas efêmeras, e aqueles que as alcançam oferecem um tributo muito pesado.

Não invejes ninguém nem posição alguma.

◆

Contenta-te com o que tens, o que és; anela e luta pelo teu crescimento interior e a tua realização plenificadora.

Não é o volume do que se faz, que realmente revela a pessoa que o realiza. Cada ser vale a medida do seu esforço em relação aos recursos de que dispõe.

Executa o teu trabalho com amor, e dá-lhe o toque de ternura pessoal que o tornará especial e exclusivo.

Jesus referiu-se à fé do tamanho de um *grão de mostarda,* à alegria pelo reencontro de uma insignificante *dracma* que estava perdida, valorizando as pequenas--grandiosas coisas da vida como de real importância.

Assim, vigia as nascentes dos teus sentimentos, a fim de que a inveja não se transforme em algoz das tuas aspirações e tormentosa inimiga daqueles que lutam e sofrem, no processo da evolução, no qual todos nos encontramos situados.

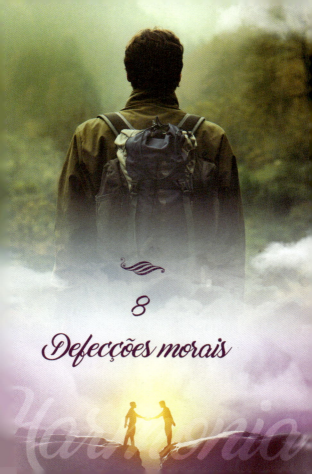

8

Defecções morais

Não raro, sempre que o homem bem-intencionado formula programas de edificação renovadora e de elevado alcance espiritual, acontecem-lhe insucessos e problemas com os quais não contava.

Atividades, cuidadosamente planejadas, apresentam-se, no momento azado, com surpresas desagradáveis que não eram esperadas.

Realizações fascinantes, que objetivam o bem, repentinamente tomam curso não desejado, gerando aflições com as quais não se contava.

Ações de benemerência pensadas com lucidez, à hora de concretizarem-se, sofrem influências perniciosas e deixam de ser executadas.

É comum, então, em face de tais ocorrências, o abandono de tarefas e a deserção aos deveres.

◆

As defecções morais são comuns nos momentos dos testemunhos, quando da necessidade de atestar-se a excelência dos valores éticos nos ideais que se esposam.

Acostumado à desistência e à fuga, o homem, considerando a gravidade dos compromissos libertadores, diante deles sofre os condicionamentos a que se entregou.

É necessário, entretanto, que se revista de coragem e enfrente as circunstâncias, mesmo aquelas que se lhe apresentem como ingratas ou causticantes.

Vencida uma primeira etapa, mais facilmente se apresentará a próxima, aguardando solução.

O mau hábito de não perseverar predispõe a boas planificações e nenhuma realização.

Somente a insistência nos objetivos anelados e a luta que se faz natural credenciam a criatura aos cometimentos superiores.

◆

Vigia as tuas atitudes, consolidando os teus anelos nobres, a fim de que logres êxito nos empreendimentos morais libertadores.

Se, por acaso, fracassares, diante de uma situação ou compromisso, vitimado pelos defeitos que te martirizam, não te desalentes. Refaze os propósitos e intenta outra vez.

Elaborado um plano de bem proceder, se tropeças e te comprometes, não transfiras a responsabilidade para os Espíritos maus que te impulsionaram ao erro. Assume os efeitos do ato infeliz e, mesmo que tenhas tombado em uma cilada, aceita que assim ocorreu em razão da tua sintonia com esses adversários do bem.

Se retornares aos atos viciosos, quando encetavas atividades dignificadoras, retempera as forças e volta ao tentame sadio.

Não te entristeçam as defecções morais. Levanta-te do erro quantas vezes se te façam necessárias, e não desistas de trabalhar o mundo íntimo, nele instalando as balizas de luz que definirão as tuas fronteiras espirituais.

Lutador que desiste não se torna sequer candidato, por comodidade e covardia.

Sê tu quem reconheça as próprias debilidades e se esforça por vencê-las, insistindo e agindo sem cessar, até que o bem se torne atitude e estado comuns, naturais, em tua existência, que não mais sofrerá defecções morais.

Após as bênçãos da semeação, a terra aparece reverdecida, e surgem as searas luminosas com as bênçãos da flor e do fruto.

Superados os graves períodos de amanhar a terra, retirando-lhe calhaus, abrolhos e pedrouços, surge o momento feliz em que as sementes se multiplicam a cem por um, a mil por um, prenunciando abundância de grãos sobre a mesa da esperança.

Parece que, no verdor rico de projetos felizes, paira a grande paz.

Todavia, a necessidade de defender a gleba torna-se-nos muito maior agora do que antes.

O solo adusto e ingrato, deixado ao abandono, inspira repulsa e desprezo; mas o pomar, o jardim e a lavoura, nos quais predomina a abundância de bênçãos, a cupidez, o interesse malsão e a exploração da avidez vigiam e, como ladrões impiedosos sentindo-se impossibilitados de furtar os grãos e apropriar-se da terra, ateiam incêndios criminosos com os quais se comprazem, acreditando-se vencedores.

As lutas recrudescem.

As facilidades são apenas aparentes.

O crescimento na horizontal da vida não significa implantação na vertical dos sentimentos.

Imperioso redobrar a vigilância.

Os bastiões da fé estremecem; abrem-se brechas que dão acessos a incursões malevolentes e perigosas.

A segurança de uma parede é a harmonia dos blocos que se justapõem. Retirado o primeiro, os próximos são inevitáveis.

As defecções de muitos companheiros comprometem o trabalho do Senhor.

A instabilidade de corações afervorados faculta o desequilíbrio e as incursões negativas.

◆

Hoje, como ontem, o cristão decidido não dispõe de tempo para o repouso inútil ou para a colheita de glórias frívolas.

As forças em litígio predominam no *país* emocional de cada indivíduo.

Enquanto não prevaleçam a paz, o equilíbrio, a ordem e o amor, no comando das ações, estaremos em conflitos e caminharemos em crise.

O trabalho, disso decorrente, será frágil, susceptível de desmoronamento.

◆

À medida que a seara cresce, aumenta o número daqueles que a detestam, de um como do outro plano da vida.

Não facilitemos! Mantenhamo-nos em serenidade vigilante, conclamando-nos, uns aos outros, à observância dos compromissos firmados e à vigilância da oração.

Não há castelo inexpugnável, quando aqueles que ali residem torpedeiam-lhe as bases.

Não há defesas que se sobreponham a um cerco demorado, se faltam, no reduto sitiado, o equilíbrio e a ajuda recíproca.

O trabalho de Jesus progride em nossas mãos, mas cuidemos para que, fracas, não venham a comprometer a realização interior.

◆

Estes são dias muito graves.

Acompanhamos a insensatez abraçada ao entusiasmo de fogo-fátuo, sem dimensão do futuro nem estruturas no presente.

Nós outros, que já nos comprometemos ao largo dos séculos, e falhamos quase sem cessar, cuidemos para que o novo insucesso não nos assinale a marcha, quando estamos próximos do porto final.

Renovemos propósitos saudáveis, retiremos a borra do pessimismo e do desencanto, compreendendo que é nos dejetos que a vegetação se faz mais luxuriante e no charco o lótus esplende com mais alvura, como ocorre com o lírio que explode em perfume.

Façamos do cansaço, do desencanto e da rotina o adubo forte da sementeira da esperança.

Iluminemo-nos de dentro para fora, a fim de que a nossa luz não projete sombras.

Prossigamos, com o ardor de ontem e a confiança no amanhã, vencendo, cada hora e todo o dia, com o mesmo idealismo de fé, sem deixar que as altercações do mal e as forças negativas tomem as nossas paisagens interiores, manchando-as de sombras.

◆

Jesus confia em nós, e Seus amigos espirituais contam com o esforço de cada um e a decisão de todos.

A nossa será uma vitória coletiva.

A deserção de alguém será atraso na marcha de outros, e a queda de alguns será insucesso em muitos.

Mãos dadas e corações unidos, olhos postos na Grande Luz, avancemos, joviais, estoicos e felizes.

10
Projetos iluminativos

As sombras densas, que parecem teimar, em predomínio na consciência cultural da Terra, lentamente cedem lugar às claridades novas, que ensejam a compreensão profunda do homem na sua realidade intrínseca e gloriosa, a um passo da sua destinação triunfal.

As estrelas luminíferas do saber ampliam-lhe os horizontes da existência, propiciando-lhe o encontro da sua identidade em perfeita consonância com a finalidade transcendente da sua experiência corporal.

Espírito eterno, o homem se encontra, na atualidade, diante do grande e definitivo desafio existencial.

Equipado pelo conhecimento, dispõe dos recursos adequados para solucionar os aparentes e antes perturbadores enigmas, que se lhe apresentavam em complexas expressões destruidoras.

Com a contribuição valiosa do Espiritismo, ele descerra o véu da ignorância e compreende os objetivos da vida, estabelecendo programas que não se encerram no túmulo, por saber que o corpo é um instrumento transitório para alcançar a meta feliz a que está destinado.

Antes, discordando da fé religiosa, diante das conquistas da inteligência e da razão, logra, na atualidade, colocar em perfeito equilíbrio estes valores, a serviço de uma fé que pode ser demonstrada no laboratório das experiências paranormais.

Para este logro, Allan Kardec realizou a saga monumental de colocar a inteligência e os recursos da Ciência do seu tempo a serviço da investigação da sobrevivência, do inter-relacionamento entre os Espíritos e os homens, da reencarnação e da Justiça Divina, em palavras últimas, da existência do Mundo espiritual.

Seu trabalho ímpar abriu espaços para novas investigações na área paranormal, que vieram apenas confirmar as suas excelentes conclusões.

Lentamente, à medida que se aperfeiçoaram os métodos de investigação, foram criadas ciências com objetivos de aprofundar a sonda da pesquisa no organismo do ser, constatando que o homem não é somente a constituição celular, mas um complexo no qual o ser real é preexistente ao berço e sobrevivente à tumba.

Ciência experimental, por sua vez, o Espiritismo faculta a contribuição das diversas ciências que se associam para a grande realização do ser imortal.

A fim de dar prosseguimento ao elevado mister de libertar o homem das suas paixões primitivas, fazem-se necessários projetos iluminativos que atualizem os conceitos imortalistas, em face da extraordinária contribuição das doutrinas científicas contemporâneas.

◆

Penetrar o bisturi da investigação honesta no campo das revelações espíritas é o compromisso que assumiram os *novos obreiros do Senhor*, que reencarnaram com o objetivo de dar prosseguimento aos trabalhos que, momentaneamente, ficaram interrompidos com a sua desencarnação, relativamente em tempos próximos passados...

Os anteriores investigadores psíquicos dos fenômenos paranormais, em variadas áreas, abriram portas, antes, para a comprovação do ser integral – Espírito, perispírito e corpo –, agora se encontrando, de retorno, com os instrumentos da informação e da fé espírita, para enfrentar com segurança o cepticismo, a crueldade, a indiferença, a desonestidade e os seus fâmulos, que corrompem o indivíduo e perturbam a marcha do progresso da Humanidade.

Apesar de adestrados para as tarefas do momento, surgem-lhes graves dificuldades que devem ser superadas, constituindo desafios-problemas. O amor ao ideal e a abnegação, que eliminam a presunção e o despotismo, dar-lhes-ão forças e valor moral para os enfrentamentos externos e a autossuperação da inferioridade e dos atavismos negativos.

Serão caracterizados pelo espírito de serviço, pelo interesse sadio dos resultados dos trabalhos, colocados no campo de batalha por escolha pessoal, guardando a certeza do triunfo que lhes chegará.

Não se farão discutidores ferrenhos e insensatos, porquanto o seu é o tempo para o estudo dos dados e das investigações.

Não se imporão, porque reconhecem que o labor exige discernimento, maturidade psicológica e elevação de propósitos.

Não se agastarão com os acusadores, nem desanimarão com os aparentes insucessos, que se lhes constituirão estímulo para o prosseguimento dos tentames.

Abertos ao amor, planejam um mundo melhor para eles mesmos e para a sociedade em geral, porque reconhecem que estes são dias de transição, e a seleção dos Espíritos se faz natural, preparando o mundo de regeneração.

Em vez de um cataclismo que ceife as vidas e aniquile a sociedade e a Terra, dá-se, neste momento, a renovação do planeta, graças à qualidade dos Espíritos que começam a habitá-lo, enriquecidos de títulos de enobrecimento e de interesse fraternal.

Os campeões da maldade, os mercenários a serviço do crime, os fomentadores da guerra e da hediondez, os traficantes de vidas e de drogas alucinantes cederão espaço no orbe para os construtores do bem e da verdade em nome do amor.

Até esse momento, cabe, aos verdadeiros obreiros do Senhor, a tarefa de autoiluminação e constante investigação, que demonstre e confirme a excelência da vida, num comportamento ético pela verdade, que favorece com estímulos superiores a eclosão e a vigência do amor nos corações.

Lutas e sofrimentos surgirão, não poucas vezes, não somente no campo externo de atividades, mas sobretudo na vida íntima, em que se homiziam os grandes inimigos da evolução espiritual.

Reconfirmando a imortalidade e as suas várias expressões, na comunicação dos Espíritos e na reencarnação, estes valores impregnarão a criatura senciente, que alterará o seu comportamento, abraçando os postulados apresentados e vividos por

Jesus, instalando-se na Terra o Reino de Deus pelo qual todos anelamos.

Investiguemos, estudemos, discutamos, de mente aberta à verdade, sempre dispostos a abraçar as conquistas da Ciência, realizando a sua aliança com a religião, e, tornando o Espiritismo a verdadeira ponte entre as duas, divulguemo-lo com ardor, vivendo-o no dia a dia da existência como cristãos legítimos que pretendemos ser.

11

Desafios e vitória

Respira-se, no planeta terrestre, uma atmosfera saturada de fluidos deletérios.

Uma imensa vaga de alucinação varre esse orbe, de um a outro quadrante, sob os impulsos da insatisfação, que gera violência; da frustração, que fomenta desencanto; e dos desejos insaciados, que conduzem à beligerância, ao crime, ao desespero desenfreado.

As aspirações espirituais parecem soterradas sob os escombros das doutrinas falidas pela invigilância dos que as predicavam.

O homem e a mulher, em si mesmos aturdidos, de súbito perdem o significado e o sentido da existência moral, considerando ultrapassados os valores éticos ante o contubérnio da insensatez, na volúpia dos prazeres inconcebíveis.

O desespero galopa, e mesmo os temperamentos dóceis deixam-se contagiar, desvairando, na busca ininterrupta de novidades que não lhes preenchem os sentimentos.

As estatísticas negativas avolumam-se.

Os altos índices de criminalidade aparvalham, e a derrocada moral prossegue inexorável.

Em uma análise perfunctória, tem-se a impressão lamentável de que é loucura a boa conduta e são irrelevantes os propósitos superiores da dignidade, da boa postura e da ação correta.

◆

Ante a avalanche que aumenta, cresce a modesta barreira que se levanta para obstaculizar a imensa derrocada final...

Poder-se-ia crer que as criaturas estão entregues a si mesmas, e nenhuma providência superior tenha planificado uma alteração profunda neste suceder de despautério e desequilíbrio.

Como consequências mais imediatas, as enfermidades grassam, inexoráveis, dizimando multidões inermes, insaciadas e tristes.

Os acidentes ceifam milhões de vidas a cada ano, que parecem nada valer no cômputo geral, mas, em meio ao pandemônio, surgem os esforços do amor e da virtude, conclamando os que têm *ouvidos* e *olhos* para registrar a Divina Presença ao prosseguimento dos seus ideais e à preservação da sua paz.

Chegados, sim, os tempos da grande e inevitável seleção natural. Não mais a pequeno passo, porém de maneira abrupta, instalando na Terra – que dentro de pouco tempo se encontrará exaurida pelo cansaço das utopias – o período do bem, da verdade e do amor.

Saturados, logo mais, pelos excessos extenuantes, os seres humanos se voltarão para Deus com saudades da pureza, do equilíbrio, do respeito e dos valores da solidariedade e da fraternidade que devem viger como molas mestras do progresso.

◆

Poupa-te à grande derrocada.

Mantém-te na liça abençoada dos compromissos, mesmo que pareças, de um momento para outro, uma personalidade exótica no meio dos alucinados, porque portador de uma conduta saudável nos exotismos do desequilíbrio.

Conserva, a qualquer preço, as fronteiras do teu domicílio e as paisagens dos teus sentimentos, não permitindo que aí se instalem os *vírus* da decomposição, que arrastam ao aniquilamento e consomem os ideais de beleza.

Foste chamado, nesta hora grave, para a preservação da verdade cristã porque, de alguma forma, ontem contribuíste para este desenfrear de paixões atuais. Cooperaste com a avassaladora onda de desequilíbrio e agora sofres as suas imediatas consequências.

Cultiva o bem de qualquer forma, e sê cordeiro nos rebanhos de lobos, tendo a consciência de que o Pastor saberá preservar-te das ciladas do mal.

...E com a consciência tranquila, estribada no dever cumprido, experimentarás a felicidade, que muitos buscam pelos corredores alucinados, e viverás a plenitude que anelas.

12
Vítimas da loucura

Sim, são hoje obsessores, catalogados como seres impenitentes, vingadores implacáveis, destituídos de sentimentos de piedade ou compreensão.

É certo que se deixaram enlouquecer e perseveram na monoideia do desforço, elaborando planos de crueldade e preparando armadilhas para surpreender aqueles contra os quais se movimentam.

Difíceis ao diálogo e armados de ferocidade quanto de insensibilidade ao sofrimento alheio, prosseguem cegos pelo rancor.

Certamente chegam a provocar revolta, e a resposta à sua constante sanha perseguidora é o desespero, quando não o ressentimento profundo com sinais de rebeldia.

Obsessores, que se tornaram, são sinônimos de inimigos insolventes.

Não os detestes, porém, por mais lhes sofras os acúleos da perversidade.

Eles são teus irmãos doentes, em último grau de desequilíbrio. De alguma forma, sem que o percebam, são também teus benfeitores.

Graças ao seu tresvario, despertam-te para a realidade transcendente, a fim de que atentes para os deveres legítimos.

◆

Não eram obsessores; tornaram-se. Os seus atuais perseguidos empurram as suas esperanças para o abismo da desesperação.

Confiaram e tiveram os seus ideais traídos.

Amaram e se tornaram vítimas da infidelidade.

Doaram os seus sentimentos, que foram atirados ao paul do crime e da indiferença.

Sonharam com a felicidade, que tiveram transformada em pesadelos de sofrimentos inenarráveis.

Distenderam a ternura e recolheram a ingratidão.

Viram enregelar-se as emoções enobrecedoras.

Desequipados de fé e coragem, caíram na cegueira do ódio; deixaram-se arrastar pela correnteza da desdita e agora, atormentados, não sabem o que fazem.

Não há razão que lhes justifique a sandice. No entanto, considera se esses infaustos acontecimentos fossem contigo, como agora te apresentarias... Isso te auxiliará a entendê-los e até a amá-los.

Eles necessitam de tuas vibrações afetuosas.

Faze o bem e renova-te, iluminando-te. Graças a tuas conquistas eles se esclarecerão e voltarão à normalidade, preparando-se para refazer o caminho, recomeçar, tentando seguir contigo em paz.

◆

Jesus, que é o Senhor dos Espíritos, sempre usou para com eles de imensa misericórdia, afastando-os dos seus *hospedeiros*, com o objetivo de que não agravassem mais as suas responsabilidades, ao mesmo tempo lhes ensejando a aprendizagem da

Sua palavra, motivadora de renovação e de liberdade.

Reflexiona em torno dos teus sentimentos e, considerando os teus irmãos ainda obsessores, tem cuidado, evitando piorar a tua e a situação deles, por negligência ou irresponsabilidade de tua parte.

13
Na hora do sono

O repouso mediante o sono é indispensável ao equilíbrio psicofísico dos seres, especialmente do homem.

O sono representa um grande contributo à saúde, à harmonia emocional, à lucidez mental, à ação nos diversos cometimentos da existência humana.

Enquanto se processa o entorpecer de determinadas células corticais, responsáveis pelo sono, liberam-se os clichês do inconsciente, que se transforma em catarse valiosa para a manutenção da paisagem mental equilibrada.

Sobrecarregado pelas emoções refreadas, pelas reminiscências dolorosas, pelas frustrações, pressões, ansiedades, que se transformam em conflitos e complexos variados, o inconsciente se desvela nos estados oníricos, que dão origem aos sonhos, de valor inegável aos psicanalistas para o estudo do comportamento e da personalidade.

O sono natural é de relevante significação para a vida e sua preservação durante a existência corporal, na qual o Espírito processa a sua evolução.

Com alguma justeza, alguns estudiosos do psiquismo afirmam que "dormir é uma forma de morrer".

Parecem-se, sem dúvida, os dois fenômenos biológicos, porquanto, no sono, o Espírito se desprende parcialmente do corpo, enquanto na ocorrência da morte dá-se o desligamento total dos liames espirituais.

Assim, conforme se durma, ou se morra, isto é, de acordo com as ideias acalentadas e aceitas, manifestam-se as consequências idênticas.

No caso do sono, o Espírito ressuma as emoções que lhe são agradáveis, acontecidas ou não, o mesmo sucedendo na morte, o que, por sintonia, propicia vinculação com outras mentes, com outros Espíritos semelhantes.

Sonhos ou pesadelos, desdobramentos de pequeno, médio ou longo porte são resultados do estado emocional do indivíduo.

◆

Quando busques o repouso, cuida do panorama emocional através da meditação e renova a mente recorrendo à oração.

Repassa as atividades do dia e propõe-te à reabilitação nos incidentes que consideres infelizes, nos quais constates os teus erros.

Não conduzas ao leito de dormir pensamentos depressivos, angustiantes, coléricos, perturbadores...

Os momentos que precedem o sono devem ser de higiene mental, de preparação para atividades outras, que ocorrerão durante o processo de repouso físico e mental.

Outrossim, liberta-te das ideias perniciosas que são cultivadas com intensidade. O hábito de as fixares cria condicionamentos viciosos que atraem Entidades semelhantes, que se te acercam e exploram-te as energias, exaurindo-te e dando início a lamentáveis processos de sutis obsessões, que se alongam, normalmente, durante o novo dia, repetindo-se, exaustivamente, até além da morte.

◆

Planeja o bem, vitaliza-o com a mente, vive-o desde antes de dormires, e, tão pronto se dê o fenômeno biológico, amigos devotados do Mundo espiritual te conduzirão às Regiões Felizes, a fim de mais te equipares para os tentames, onde ouvirás preciosos ensinamentos, vivendo momentos de arte, beleza e encorajamento, que se poderão refletir nos teus painéis mentais, como sonhos agradáveis, revigoradores, que te deixarão sensações de inefável bem-estar.

Da mesma forma, quando arrastado aos recintos licenciosos que o pensamento acalenta, o contato com os seres infelizes se transformará em pesadelos inqualificáveis, desgaste e exaustão, que se manifestarão como irritabilidade, indisposição e enfermidades outras.

Os momentos precedentes ao sono são de vital importância para o período de repouso.

Assim, não te descures da educação da mente, da manutenção dos hábitos saudáveis e dos programas edificantes, a fim de que todas as tuas horas sejam proveitosas para teu crescimento interior e uma existência de paz.

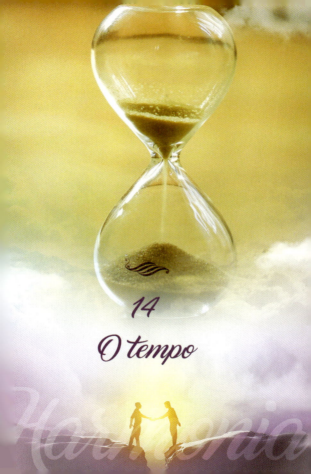

A calúnia zurze o látego em teu dorso com impiedade?
Tem paciência e aguarda o tempo.

◆

A zombaria gargalha dos teus propósitos e ações com irreverência?
Mantém-te calmo e confia no tempo.

◆

A intriga rouba-te amigos antes devotados e experimentas solidão enquanto eles se voltam contra ti?

Confia em Deus e dá-lhes tempo.

✦

A inveja te persegue, arengando acusações que sabes injustas?
Resguarda-te na oração e deixa passar o tempo.

✦

O ódio se levanta e cumula o teu céu claro com nuvens sombrias, ameaçadoras?
Persevera no trabalho e apoia-te ao tempo.

✦

A competição infeliz rouba-te as oportunidades que contavas amistosas?
Não desistas e entrega tudo ao tempo.

✦

Sentes as forças caindo, enquanto os novos dominadores da situação sorriem nas carnes moças, afirmando-te ultrapassado?

Persevera com coragem e dá-lhes tempo.

◆

A traição passou pela porta dos teus sentimentos e deixou-te combalido?

Levanta e concede-lhe a bênção do tempo.

◆

As tuas palavras amigas foram voltadas contra ti e sentes cansaço para a defesa inútil?

Silencia e encarrega o tempo.

◆

Apontam-te como fracassado aqueles a quem ajudaste e concedeste o teu amor, as tuas horas, as tuas esperanças?

Desculpa-os e oferta-os ao tempo.

♦

O tempo é de Deus.

As ações são dos homens.

Todas as tragédias e desaires que os homens sofrem o tempo retifica.

A terra vencida pela tempestade, o tempo, em nome de Deus, a reverdece e a veste de flores.

Os que perseguem e são ingratos aprendem com o tempo que o mal é um dardo cravado nas *carnes da alma* a dilacerá-las.

Nesse incessante passar do tempo, o sorriso de vitória se converte em carantonha de dor e a amargura se transforma em esperança.

O tempo a ninguém poupa, na sua inigualável tarefa de colocar as coisas e os homens nos seus necessários lugares.

◆

Não reajas, precipitado, quando ofendido, com a sofreguidão de quem deseja imediata justiça.

Nunca te rebeles, porque te não reconhecem os valores positivos e somente te espezinham.

O tempo refaz e altera a paisagem terrestre, modificando, também, os acontecimentos morais.

◆

O tempo demonstrou que o triunfo de Herodes, de Anás, de Caifás, de

Pilatos contra Jesus foi uma ilusão de breves momentos.

Hoje, o *vencido* na Cruz permanece como Vencedor, ensinando que só o amor, através do tempo, restabelece a verdade e tudo encaminha aos justos fins.

Uma das dificuldades no inter-relacionamento pessoal é constituída pela falta de cuidado nas conversações.

As criaturas, dominadas pelos conflitos, perdem, a pouco e pouco, a habilidade para bem ouvir.

Todos desejam falar, atropeladamente, impondo ideias, discutindo temas não pensados, oferecendo informações sem substância, num afã de apresentar-se, de dominar a situação, de tornar-se o centro de interesse geral.

Os resultados são os desastres nas relações humanas.

Surgem, então, técnicas que preparam o homem para relacionar-se com o seu próximo; contudo, se ele não se capacita ao esforço de ouvir com serenidade, malogram as belas formulações.

Ouvir é uma arte como outra qualquer, que exige interesse e propõe cuidados.

Pode-se ouvir, indiscriminadamente, ruídos, tumultos, sem assimilação de conteúdo.

Os sons ferem os tímpanos, todavia a arte de ouvir as conversas impõe o respeito por quem está falando.

Sem consideração pelo interlocutor, quaisquer assuntos perdem a importância, quando não geram polêmicas inúteis, desagradáveis.

✦

Ouve sem tensão, mas com atenção.

Abre-te à conversação sincera, deixando que o outro fale sem interrupção.

Quando chegar a tua vez, sê conciso, claro e cortês.

A palavra que abençoa também pode ferir. Sê, pois, zeloso.

Procura ouvir sem preconceito, porém com respeito.

O que ouças, deve ser *digerido*, a fim de bem assimilado.

Evita ouvir, discutindo mentalmente, recusando-te, julgando, protestando.

Dominado pelo emocional, perderás o melhor da palavra, confundindo o raciocínio.

Ouve, desse modo, sem ansiedade, sem rebeldia interior.

Quando não entendas o pensamento, pede para que seja repetido; se te não surge clara a ideia, propõe esclarecimento.

O homem fala para melhor entender o seu próximo. Ouvindo-o com equilíbrio, pode dirimir os equívocos e aprender tudo quanto esteja ao alcance.

◆

Convidado a ouvir, despe-te dos *pontos de vista* a que te entregas, a fim de poderes absorver o conteúdo dos pensamentos que te sejam apresentados.

Lentamente perceberás que, ouvindo, redescobrirás mil melodias, palavras e mensagens a que já não davas importância, perdidas no tumulto do que eliminaste por automatismo, deixando de escutá-las.

Quem ouve bem aprende, entesoura e renova-se, sabendo selecionar o que lhe é útil daquilo que deve ser racionalmente dispensado.

Ouve, portanto, sem perturbação, a fim de lograres precisão.

16
Ressentimento
e amargura

Vírus, aninha-se voraz nas células dos sentimentos e debilita o organismo emocional das criaturas, levando-as a estados degenerativos graves.

Espinho cravado nas *carnes da alma*, propicia infecções lamentáveis com perigos iminentes de destruição.

Morbo pestilento, exala contágio, gerando *epidemias* que se alastram através da maledicência e do ódio queixoso, como válvula de escape da vingança.

Enfermidade de perigoso porte, consome aquele no qual se instala, e tenta contaminar o outro, de quem conserva mágoa, ameaçando a organização social, sempre susceptível de desequilíbrio.

O ressentimento é inimigo que deve ser vencido a golpes de amor e compreensão, antes que, semelhante a câncer constritor, irradie-se em metástase irreversível, vencendo os organismos físico e mental das vítimas que o aceitam.

Muitos males seriam evitados se o ressentimento fosse descartado do relacionamento humano e social.

Sem fundamento nem justificativa, ele é remanescente dos *instintos agressivos* e primários do ser, no seu processo de evolução.

◆

Libertando-se dos atavismos animais, cabe ao homem transformar a agressividade em tolerância, eliminando, por definitivo, o orgulho do seu mapa de comportamento.

Sentindo-se ferido, sem um exame mais cuidadoso da situação, esse outro algoz estimula o ressentimento como forma de desforço futuro, que aguarda qual se fora uma fera acuada.

Há muito ressentimento no mundo, que necessita do *oxigênio* do amor fraternal para diluir-se.

◆

Considere-se o inimigo na condição de um enfermo que se desconhece, embora a presunção com que se apresente, e não haverá razão para ficar-se ressentido com ele.

Tenha-se em mente que a inveja é sempre responsável por calúnias e acusações indébitas, e não se perderá tempo com pelejas inglórias na emoção, através do ressentimento.

Pense-se na situação do traidor, quando venha a despertar e reconhecer a culpa, e não haverá lugar para qualquer reação ressentida.

Note-se que a outra pessoa, aquela que gera problemas, encontra-se em faixa evolutiva mais grosseira, e o ressentimento desaparecerá, substituído pelo desejo de ajudar.

Quando alguém fica ressentido, nivela-se com o adversário ou o seu contendor.

O ressentimento responde por maior número de enfermidades no homem do que se supõe.

◆

Age sempre conforme gostarias que os outros o fizessem em relação a ti.

Coloca-te na situação infeliz e perceberás quanto bem te faria a gentileza daquele a quem combatesses.

Todo incêndio cessa quando acaba o combustível que o sustenta.

O ressentimento é labareda mantida pelos sentimentos inferiores.

Se te elevas moralmente pela prece, pela ação do bem, cessa o calor da mágoa e sucumbe o incêndio infeliz.

Liberta-te do ressentimento, e a paz se te aninhará no coração.

17
Pessoas inamistosas

Estão em toda parte.

Multiplicam-se com facilidade, quais cogumelos em clima próprio.

Surgem de forma inesperada nos mais diversos lugares.

Enxameiam no lar, no trabalho, no grupo social, nas ruas do mundo.

Criam embaraços, quando poderiam facilitar as ocorrências.

Separam os indivíduos, ao invés de os unir.

Promovem guerras surdas e declaradas.

São pertinazes e parecem invencíveis.

Mudam de postura e de situação, permanecendo com os mesmos vis objetivos.

Instalam a insegurança emocional entre aqueles que os cercam.

Referimo-nos às pessoas inamistosas, que preferem tornar-se adversárias, gratuitas ou não. Aliás, nunca há motivo para que alguém se torne inimigo de outrem.

Vige esta situação, em face da psicosfera reinante entre os homens, ainda imperfeitos.

Embora o convite da vida à saúde e ao bem, um grande número dessas pessoas prefere a odiosidade, porque estão indispostas contra si mesmas.

Enfermaram intimamente e não o perceberam.

Extravasam o mal-estar que as atormenta, agredindo, gerando antipatia, projetando *sombra*, perturbando os demais e perturbando-se.

◆

Não lhes ofereças o combustível do teu sofrimento, deixando-as atingir-te.

Desliga-te, mentalmente, da vibração negativa com que te envolvem e, mediante uma ação serena de amor, revida às suas ondas mentais com os teus pensamentos cordiais e de compaixão.

Elas sofrem e desejam que todos participem da sua aflição.

Ignoram as admiráveis possibilidades que têm à disposição para a própria saúde e a felicidade pessoal.

Enlouqueceram, vitimadas pela ignorância, pelo egoísmo, pela inveja, pelo ciúme...

Não te cabe sintonizar com elas.

Ninguém lhes escapa à sanha, que termina por envolvê-las umas contra as outras.

◆

Sê, tu, a pessoa amistosa para com todos.
A tua simpatia gera afeição e a ti faz muito bem.
Diante dos reacionários, dos que desejam tornar-se teus inimigos – pessoas inamistosas –, silencia e passa.
Jesus, que é um Ser perfeito, pregando e vivendo o amor, não lhes ficou indene à perseguição e ao desafeto; mesmo assim, não as amou menos, ensinando-nos como agir diante delas e das circunstâncias difíceis que criam.

18
Sem ídolos nem cultos

Na busca estúrdia de prazeres e afirmação da personalidade, o homem contemporâneo informa que se libertou da fé religiosa e do culto que dedicavam os seus antepassados aos valores espirituais.

A mente saudável, segundo este raciocínio, é aquela que se apresenta destituída de submissão a toda e qualquer maneira de direcionamento ético, tendo em vista o futuro do ser, no que diz respeito à sua imortalidade.

O descompromisso com Deus e a vida incita-o à busca incessante do gozo, em desesperada fuga da sua realidade transcendental.

Não obstante esse comportamento, manifesta-se-lhe a existência de forma paradoxal.

Negando-se cultuar o Espírito, adora e idolatra os campeões da futilidade e do engodo, que passam à condição de verdadeiros deuses da antiga mitologia, ora renascidos nos esportes, no teatro, no cinema, na televisão, nas finanças, nas indústrias, na política e até na área sórdida da criminalidade... Os seus gestos e atitudes são imitados, tornando-se modelos que atiram na área do consumismo as suas figuras e modas, verbetes e extravagâncias, que passam a constituir a razão de vida dos seus admiradores e apaniguados.

Uns logo sucumbem, devorados pela mídia ou derrotados pelo cansaço; outros são substituídos ou desprezados por novos ambiciosos que lutam por tomar-lhes os espaços, sucedendo-os de imediato, enquanto os *modismos* mudam de nomes e pessoas, permanecendo as mesmas paixões e cultos exacerbados, caracterizando a decadência da vera cultura e dos nobres ideais humanos.

Em face de tal conduta, o homem, surpreendido pela dor que renteia ao lado de todos os seres, deixando-se acometer pelo desespero e, alucinado, atira-se à consumpção pelos alcoólicos, pelas drogas ou através do suicídio em suas várias formas.

Lentamente, porém, a força do Amor de Deus vence as resistências da obstinação negativa e desvenda-lhe os amplos horizontes da imortalidade, que fascinam e confortam, induzindo-o a uma reavaliação do comportamento e ao compromisso com a ventura, que lhe nasce na harmonia interior e se espraia envolvendo o grupo social e a vida.

Nem ídolos, certamente, nem cultos; porém, despertamento para a realidade e as metas existenciais, que se não podem reduzir aos prazeres vazios e ligeiros da vida corporal, antes à consciência de si mesmo e da sua destinação eterna, na qual já se encontra e cumpre aprimorar com o pensamento posto no seu futuro libertador e feliz.

Disputa-se muito, na sociedade, a conquista da fama, o privilégio do destaque, a notoriedade.

Façanhas de todo porte são apresentadas no cenário humano, de modo que chamem a atenção para as suas personagens. Quando não se dá a conquista através dos lances de enobrecimento e elevação, derrapa-se no escândalo, na vulgaridade, desde que o empenho produza os frutos da popularidade.

Criou-se mesmo um brocardo que afirma a necessidade de notoriedade, quando se propõe: "Que falem mal de mim, mas, que falem".

A ânsia por notoriedade permite que os caracteres mais frágeis, a fim de alcançá-la, transitem pelos caminhos escabrosos, vivam em estado de promiscuidade moral, desde que esse contributo venal, tal concessão lamentável sirva para lograr a meta.

Passada, no entanto, a excitação da notoriedade, o cansaço se instala no indivíduo, levando-o ao tédio, após vividas as sensações mais fortes, que exigem outras novas e desgastantes, sempre efêmeras.

Por outro lado, há a notoriedade natural, alcançada pelo trabalho, mediante o sacrifício, como resultado do altruísmo e da sabedoria.

As artes e as Ciências, as religiões e as filosofias, a ética e todos os empreendimentos humanos relevantes ergueram à notoriedade homens e mulheres, que passaram a ser símbolos dignos de seguidos pelas demais criaturas.

A sua trajetória, todavia, deu-se mediante pesadas renúncias e eloquentes sacrifícios.

Alguns desses indivíduos notáveis teriam gostado do anonimato, da vida pacata ou ativa, sem as exigências que a glória terrena impõe, sem a perda de tempo que a notoriedade propicia.

Quase todos aqueles que cercam os vitoriosos tendem a asfixiá-los, olvidando-se que esses são seres humanos normais e necessitam respirar, descer do pódio, viver. Exigem-lhes a mesma postura, o habitual e constante momento de relevo, a notoriedade refletida sempre no comportamento de todas as horas. Negam-lhes o direito de viver simplesmente.

◆

O grande físico Albert Einstein, amargurado com o uso que foi feito do átomo, após o lançamento das bombas nucleares sobre Hiroshima e Nagasaki, escreveu que desejava ter sido um *bombeiro-encanador* anônimo a, mesmo que inconscientemente, ter contribuído para o êxito do *Projeto Manhattan*, que culminaria na destruição de milhares de vidas e daquelas duas cidades.

Pasteur escondia-se dos admiradores, a fim de poder prosseguir nas suas pesquisas.

Madame Curie sofreu tanto assédio dos fãs que, não suportando mais, pediu-lhes que a *deixassem trabalhar*.

Heifetz, o insigne violinista, quando alguém lhe disse que "daria a vida para tocar como ele", redarguiu com calma: "Foi exatamente isto que eu fiz: dei toda a minha vida à arte do violino".

O Cura d'Ars via-se constrangido a repreender os insensatos que o queriam adorar em vida.

A galeria é vasta e expressiva daqueles que teriam preferido o serviço anônimo, de modo a passarem despercebidos.

Mesmo Jesus, sempre que operava os admiráveis fenômenos de socorro à multidão, fugia-lhe do convívio, a fim de ficar a sós com Deus...

◆

A notoriedade, pelo que tem de belo e grandioso, também se expressa como grave e de alta responsabilidade. Favorece o orgulho e fomenta a presunção nos fracos, que derrapam na prosápia e no culto da personalidade, assim entorpecendo os sentimentos nobres e turbando a claridade da consciência do bem e do dever.

Nem positiva nem negativa a notoriedade, para quem deseja, realmente, servir e encontrar a paz.

O silêncio, a discrição e a perseverança no ideal, na ação digna constituem o aval de segurança para o êxito e o melhor antídoto para os venenos perigosos que destroem as criaturas humanas.

Se te vês convidado a uma situação de fama e notoriedade, resguarda-te na prece e vigia as *nascentes do coração*, a fim de permaneceres inatingido pelo mal que dorme em ti próprio.

20
Terapia libertadora

Diante das admiráveis conquistas psicológicas modernas, apresentando terapêuticas valiosas para os graves problemas emocionais da criatura humana, não podemos subestimar os recursos excepcionais que nos foram ministrados por Jesus, desde há vinte séculos.

Ensinando a liberação dos traumas e dos conflitos que geram as emoções perturbadoras, os hodiernos tratadistas da psicoterapia recomendam as ações nobilitantes dos pacientes, o autoconhecimento, a expansão dos sentimentos nobres, a alegria nas suas várias facetas, o inter-relacionamento social, ao lado de outros mecanismos que contribuem para uma existência sadia, rica de criatividade e de realização.

Se fizermos uma releitura do Evangelho de Jesus, iremos encontrar as mesmas diretrizes, exaradas em propostas simples quão eficientes, contribuindo para que ele se realize, superando os limites e as constrições que oprimem e afligem o ser.

Ame indiscriminadamente – é a recomendação central, porque o amor é método de libertação de todas as mazelas emocionais e agente poderoso de renovação, motivador de crescimento íntimo e realização pessoal.

Perdoe, sem condicionamento – constituindo a consequência do amor, única maneira de vencer os complexos de inferioridade, de narcisismo, filhos diletos do orgulho insensato.

Caminhe ao lado de quem necessita de companhia – sendo um impositivo de solidariedade, participando dos problemas do outro, graças ao que constata a insignificância das próprias dificuldades.

Ajude em qualquer circunstância – tornando-se uma terapia de ação benéfica, que permite o olvido das queixas e autoflagelação diante das inumeráveis necessidades das demais pessoas.

Ore sempre – através deste processo, utilizando-se a autoanálise, descobre-se a realidade íntima e ilumina-se pelo esclarecimento de que se torna possuidor.

Todas as propostas de Jesus convidam o indivíduo para o encontro da própria consciência, o descobrimento da identidade e a superação da *sombra* da personalidade doentia.

✦

O homem ignora-se, mantendo uma atitude infantil, que teima por impor ao grupo social no qual se movimenta.

Crê-se merecedor de consideração e assistência, que nega aos companheiros.

Supõe que a vida lhe deve ser colocada a serviço dos caprichos, em postura egocêntrica, que não faculta aos outros.

Reclama sofrer de carências de vária ordem, que recusa diminuir nos mais necessitados.

Coloca-se em uma posição de vítima, enquanto se torna indiferente, quando não se transforma em sicário de outras criaturas.

Permite-se direitos e créditos, que não concede a ninguém.

A sua, como efeito, é uma jornada solitária, por desprezo sistemático às Leis da Vida.

Nisto consistem as mais graves enfermidades, nas quais se apoiam os indivíduos que elegem a acomodação e a autopiedade como mecanismos de evasão dos compromissos que lhes cumpre atender.

◆

O Evangelho conclama a uma fé dinâmica, objetiva, racional e produtiva.

Propõe a saída da ilha do egoísmo, para a conquista das praias da solidariedade.

Quem se negue a praticá-lo, incide nas patologias psicológicas e em algumas de outras áreas, carecendo de tratamento especializado.

Não obstante, mesmo após esses valiosos recursos, se não muda de atitude interior, adotando o comportamento do amor, do perdão, do auxílio fraternal, da autoiluminação, volve às posturas primitivas e enfermiças, porquanto só na doação que induz ao auto-oferecimento é que o homem se realiza e se plenifica, adquire a saúde real.